Philippine De La Fayolle
Lucie Barthe-Dejean

Crashkurs
Gemüse

5 Schritte
zur ersten
Ernte

Inhalt

5 Schritte zur ersten Ernte

① Kenne dein Spielfeld

② Regeln im Botanik-Spiel

③ Plane deinen Gemüsegarten

④ Leg los!

⑤ Die Beete pflegen

Die Must-haves im Gemüsegarten

Was dich erwartet … pro Saison

Zum Schmökern

Kenne dein Spielfeld!

Verschiedene Bodentypen

Der Boden besteht aus
drei Hauptbestandteilen:

Ton
Schluff
Sand

*Entstehen aus
dem Abbau von
Gestein durch
das Eindringen
von Wasser
und aktives
Bodenleben.*

Der Bodentyp gibt Aufschluss über die Fähigkeit der
Erde, organische Stoffe und Wasser aufzunehmen.
Je höher der Tongehalt, desto besser ist der Boden
in der Lage, diese Stoffe aufzunehmen.

Man könnte sie als „anhänglich" bezeichnen, weil sie an den ... Stiefeln klebt!

Tonhaltige Erde

→ „schwere" Erde

* Hält gut die Feuchtigkeit und fördert das Bodenleben.
* Wärmt sich nur langsam auf, daher solltest du die Arbeit bei feuchtem Wetter vermeiden.
* Arbeit am Anfang (Kompost einbringen, mulchen, Bodenbearbeitung), aber danach pflegeleichter.

Schluffige Erde

* Verkrustet leicht an der Oberfläche und hat deshalb Schwierigkeiten bei der Aufnahme von Wasser und organischem Material.
* Vermeide die Arbeit bei feuchtem Wetter.
* Jeden Winter lockern und regelmäßig kleine Mengen Kompost einbringen.

Sandige Erde

„leichte" Erde ✓

* Erwärmt sich schnell, kühlt aber ebenso schnell wieder ab.
* Enthält wenig Humus, speichert Wasser und Nährstoffe schlecht, ist sehr wasserdurchlässig.
* Regelmäßig kleine Mengen Kompost einbringen.

WIE FINDE ICH DAS HERAUS?

Der Erd-

zertifiziert!

Wurst-Test

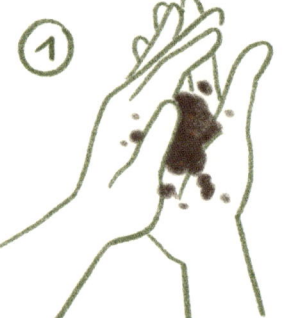

①

Schnell!

Nimm eine Handvoll
Erde, befeuchte und
knete sie.

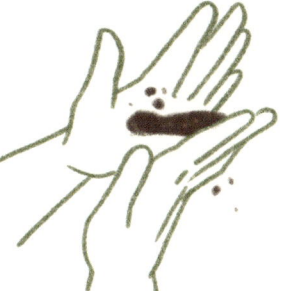

Versuche, eine dünne
Wurst herzustellen
(1 cm Durchmesser).

✳ Wenn die Wurst nicht dünner wird, ist der Boden
sandig oder schluffig.
✳ Wenn die Wurst hält, sind mindestens
10 % Ton im Boden.

Versuche, mit der
Wurst einen Kreis
zu formen.

✳ Wenn die Wurst bricht, ist der Boden
sandig oder schluffig.
✳ Je eher sich ein glatter Kreis ohne Risse
formen lässt, desto höher ist der
Tongehalt.

Säuregehalt im Boden

Der Boden enthält auch Kalk, der Einfluss auf den Säuregrad/pH-Wert hat. Je mehr Kalk vorhanden ist, desto höher ist der pH-Wert (über 7): Man sagt, die Erde ist „basisch". Je weniger Kalk vorhanden ist, desto saurer ist sie (pH-Wert unter 7). Für den Gemüseanbau strebt man einen neutralen Boden an (pH-Wert um 6-7), damit Kalzium, Phosphor und Eisen optimal aufgenommen werden können.

Es ist möglich, den pH-Wert des Bodens durch regelmäßige Zugabe von Kompost oder Mist bzw. durch Schwefel oder Eisensulfat zu senken.

Oder ihn durch Zugabe von kalkhaltigen Elementen im Herbst (Kalk, Holzasche ...) zu erhöhen.

Der Essig- & Natron-Test

①

Gieße etwas Essig auf den Boden.
Wenn es zu einer sprudelnden Reaktion
kommt, ist der Boden basisch.

②

Vermische
etwas Erde mit
entmineralisiertem
Wasser.

Gib etwas Natron
hinzu. Wenn es zu einer
Reaktion kommt, ist der
Boden sauer.

Wenn es keine Reaktion auf diese
Tests gibt, ist dein Boden neutral.

GUT ZU WISSEN:

Die gleiche
Hortensie wird in
neutralem oder basischem
Boden rosa blühen ...

... und in
saurem Boden
blau!

Boden-fruchtbarkeit

Ist dein Boden reich an Humus? Das ist ein Zeichen dafür, dass die Mikroorganismen des Bodens aktiv und die Erde fruchtbar ist. Humus entsteht durch die Zersetzung von organischem und mineralischem Material durch die Zusammenarbeit von Regenwürmern, Pilzen und Bakterien.

vgl. BODENLEBEN, S. 32

Pflanzen lieben Humus, eine Art vorgekautes Buffet aus Molekülen und Atomen, von denen Stickstoff, Phosphor und Kalium die begehrtesten im Gemüsegarten sind:

 N, P, K, sind wichtige Nährstoffe

   ... für das Pflanzenwachstum!

Gib beim Start deines Gemüsegartens
Blumenerde oder reifen Kompost hinzu,
wenn die Erde nährstoffarm ist.

Erhalte die Fruchtbarkeit des Bodens
durch regelmäßige Kompostgaben.

Denn wenn du das Gemüse erntest,
entfernst du einen Teil der Elemente, die
die Erde produziert hat (und die sonst
in einem natürlichen Kreislauf wieder in
ihre Umgebung zurückkehren würden).

Um im Gleichgewicht zu bleiben
und den Boden nicht auszulaugen,
muss dieser Materialverlust durch
Nährstoffeinträge in das System
(tierische oder pflanzliche Abfälle)
ausgeglichen werden.

vgl. KOMPOST VERWENDEN, S. 88

Ein fruchtbarer Boden hat eine braun-schwarze Farbe und enthält viele Regenwürmer.

Der Unter-
zertifiziert!
hosen-Test

Garantierte Ergebnisse innerhalb von zwei Monaten!

Benötigtes Material:

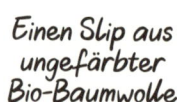

Eine Spitzhacke

Einen Slip aus ungefärbter Bio-Baumwolle

Einen Pflock

Der Test:

Grab im Frühling ein 30 cm tiefes Loch.
Platziere die Unterhose senkrecht mit dem
Gummiband nach oben etwa 10 cm tief im Boden.

Fülle die Erde um und in die Unterhose wieder ein.
Stecke den Pflock in den Boden, um die
Stelle zu kennzeichnen.

10 cm

30 cm

2 Monate später gräbst du die Unterhose wieder aus und
beobachtest: Je stärker die Unterhose abgebaut ist,
desto intensiver ist die biologische Aktivität im Boden.

lecker!

Zögere nicht, diesen Test nach einigen
Jahren oder an verschiedenen Orten
zu wiederholen, um die Ergebnisse zu
vergleichen.

Viele Ergebnisse werden auch im
Internet geteilt:

Q Unterhosen-Test im Garten

Wilde Wucherer

⧙ Super Indikatoren ⧘
für den Boden

Pflanzen wachsen nicht zufällig von selbst. Wenn sie in deinem Garten zahlreich vorhanden sind, haben sie dort die optimalen Bedingungen für ihr Wachstum gefunden.

„Unkräuter" geben in der Tat wertvolle Hinweise auf die Zusammensetzung und das Zusammenspiel des Bodens.

> Zeichen des Gleichgewichts und der guten Funktion des Bodens.

VOGELMIERE

Übersicht einiger "Zeigerpflanzen"

USUAL SUSPECTS

✳ Wächst in schluffigen und sandigen Böden.

✳ Zeichen für einen lockeren, leichten, frischen, gut durchlässigen, fruchtbaren, stickstoff- und humusreichen Boden.

✳ Wächst in tonhaltigen und schluffigen Böden.

✳ Zeichen für einen Boden, der reich an Stickstoff ist, aber wenig Kalzium und Humus enthält.

WEISSER GÄNSEFUSS

LÖWENZAHN

* Wächst in tonhaltigen Böden.

* Zeichen für einen eher fruchtbaren Boden, der jedoch mit Wasser und organischen Stoffen verstopfen kann.

Zeichen für einen zertrampelten, verdichteten, trockenen, stickstoffreichen Boden.

AMPFER vom Typ „stumpfblättrige Geduld"

VOGEL-KNÖTERICH

Tipp

Den Boden bearbeiten und Gründüngung säen, um ihn zu lockern.

✳ Wächst in tonhaltigen und schluffigen Böden.

✳ Zeichen für einen an der Oberfläche verdichteten Boden.

✳ Wächst in schluffigen Böden.

✳ Zeichen für einen verdichteten, basischen Boden, der reich an Stickstoff und Kalium ist.

BREIT-
WEGERICH

QUECKE

19

Klimatische Bedingungen
identifizieren

Dein Gemüsegarten wird dem Wetter ausgesetzt sein.
Berücksichtige das von Anfang an, um die Auswirkungen
zu begrenzen oder deinen Anbau anzupassen.

Die Sonne

Die meisten Gemüsearten brauchen Sonne. Einige mögen es jedoch nicht, wenn sie zu viel Sonne abbekommen.

Suche dir einen sonnigen Ort mit Süd- oder Süd-West-Ausrichtung (mit mindestens 6 Stunden Sonneneinstrahlung im März oder September, wenn Tag & Nacht gleich lang sind) und mache die Hauptschattenseiten ausfindig.

Der Regen

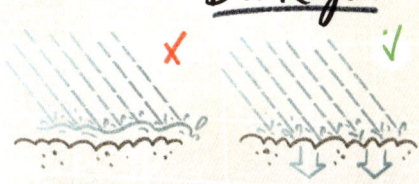

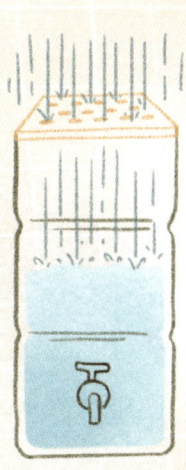

Je mehr es regnet, desto weniger musst du gießen, sofern der Regen gut in den Boden einsickert und nicht abfließt.

Plane ein Regenwasser-Sammelsystem ein und passe die Wahl deiner Kulturen an die Niederschlagsmenge in deiner Region an: In trockenen Regionen solltest du Kulturen vermeiden, die im Sommer viel Wasser benötigen.

Die Temperatur

Einige Kulturen benötigen milde Temperaturen, andere vertragen Hitze schlecht. Passe die Auswahl deiner Kulturen und Sorten (frühe oder späte) an das Klima deiner Region an und prüfe zu Beginn der Saison den Einsatz von Gartenvlies als Schutz vor Kälte.

Der Wind

Während ein wenig Wind
die Pflanzen belüftet und
Krankheitsherde abtransportiert,
kann zu viel Wind ihnen schaden.
Er trocknet den Boden aus,
verstärkt das Kältegefühl und
stört das Wachstum der Pflanzen.

Prüfe den vorherrschenden Wind und die
Möglichkeit, eine Hecke zu errichten, um die
Auswirkungen des Windes zu bremsen.

Das Gefälle

Das Gefälle eines Geländes führt dazu, dass
durch Abfließen Wasser und Nährstoffe für die
Pflanzen verloren gehen.

Bevorzuge ein flaches Gelände oder schaffe bei
Hanglage mit Hilfe von Steinen oder Brettern aus
feuchtigkeitsresistentem Holz (Robinie, Eiche ...)
aufeinanderfolgende, senkrecht zum
Hang verlaufende Stufen.

Regeln im Botanik-Spiel

Geburt einer Pflanze

Eine Pflanze vermehrt sich durch
den Transport ihres Pollens:

Hallo, Allergien!

✳ durch den Wind: Unauffällige
Blüten mit unglaublich vielen,
kleinen Pollen (Beispiel:
Weizen oder Platane).

✳ oder durch bestäubende Insekten (wie
im Gemüsegarten): Große Blüten mit
leuchtenden Farben, starken Düften und
reichem Nektar (Beispiel: Lauch- und
Zucchiniblüten).

Tipp

Die Blütezeit ist eine strategisch
wichtige Zeit für Fruchtgemüse
(Tomaten, Paprika, Gurken …).
Vermeide Abdeckungen, die den Flug
von Bestäubern verhindern.

Pollen, die von den **Staubblättern** (männliche Organe) produziert werden

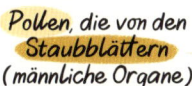

① **Der Pollen** wird

Stempel + **Fruchtknoten** (weibliche Organe)

② **den Stempel** gebracht

an

wobei ③ **die Zygote** entsteht.

Das ist die Befruchtung.

Die Zygote wird zum Samen, der von einer Frucht umgeben ist, die ihn schützt und ihm die Möglichkeit gibt, sich zu verbreiten.

Eine Blumenwiese anzulegen, zieht das ganze Jahr über Bestäuber in den Gemüsegarten.

vgl. NÜTZLINGE ANLOCKEN, S. 100

Bestäuberfreunde: Biene, Hummel, Schwebfliege, Schmetterling ...

27

Lebenszyklus einer Pflanze

vom Samen ... zum Samen!

Eine Pflanze entsteht aus einem Samen. Dieser wächst, bildet Wurzeln und Blätter zur Ernährung und Blüten zur Fortpflanzung.

Die Blüte wird nach der Befruchtung zu einer Frucht, die ihrerseits einen Samen trägt, ... aus dem wieder eine Pflanze entsteht.

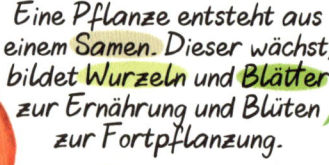

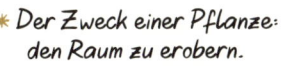

* Der Zweck einer Pflanze:
  den Raum zu erobern.
* Der Zweck eines (Nutz-)Gartens:
  reichlich schmackhaftes
  Gemüse zu produzieren.

→ Deine Aufgabe, wenn du sie annimmst:
„lenke" deine Pflanzen so, dass sie besonders
ihre essbaren Teile entwickeln und dabei
gesund bleiben.

Das Menü aus dem Garten enthält

die Früchte

die Blätter

die Wurzeln

die Zwiebeln & Knollen

die Stängel

die Blüten

Eine Pflanze wird als „Gemüse" bezeichnet,
sobald man einen Teil davon essen kann.

Wachstum einer Pflanze

Eine Pflanze ernährt sich über zwei Netzwerke, in denen der Pflanzensaft zirkuliert:

✳ Ein Netzwerk, das von den Blättern zu den Wurzeln, Früchten und Knospen verläuft und den **angereicherten Pflanzensaft** transportiert, der durch den Effekt der Fotosynthese mit Glukose (dem Grundbaustein der Pflanze) beladen ist.

Denk daran: Nichts geht verloren, alles wird umgewandelt

① $6\ CO_2 + 6\ H_2O$
Kohlenstoffdioxid + Wasser
(in der Luft vorhanden)
+ Sonnenlicht

② $6\ O_2$
Sauerstoff in der Luft
(wird an die Luft
abgegeben)

$C_6H_{12}O_6$
Glukose

*Ein Netzwerk, das von den Wurzeln zu den Blättern, Früchten und Knospen führt und den rohen Pflanzensaft, der mit Wasser und Nährstoffen aus der Erde angereichert ist, transportiert.

Eine Pflanze ernährt sich über ihre Blätter und Wurzeln von Sonne, Luft, Wasser und Nährstoffen aus der Erde.

Boden-leben

> Tada,
> ein fruchtbarer,
> lockerer, Boden, der
> Wasser aufnimmt und
> Erosion widersteht!

Über ihre Wurzeln ernährt sich die Pflanze von Wasser und Nährstoffen aus dem Boden.

Diese Nährstoffe entstehen durch die Zersetzung von organischem Material (alles, was einmal lebendig war) und Mineralien (die aus tiefen Gesteinsschichten stammen) durch die Tätigkeit eines ganzen unterirdischen Volkes.

Die Einschränkung der Bodenbearbeitung schützt das Leben seiner wertvollen Bewohner.

Regenwürmer ernähren sich an der Oberfläche von abgestorbenen Blättern und Gräsern und graben dann Gänge in den Boden. Sie nehmen Erde und insbesondere Ton aus tieferen Schichten auf.

Organisches und mineralisches Material vermischt sich in ihrem Darm, bevor sie ihre Gänge mit ihrem Kot auskleiden, der dann für Pflanzen verfügbar ist.

Darwin, 1. Fan von Regenwürmern, widmete ihnen bereits 1881 ein Buch!

Lecker!

Pilze, die mit bloßem Auge nicht zu erkennen sind, können als einzige Lignin abbauen.

Ein sehr widerstandsfähiges Material, das in Holz enthalten ist und aus dem fruchtbarer Humus gebildet wird. Sie verfügen über ein unterirdisches Fadengeflecht, das lang, fein und verzweigt ist.

Bakterien sorgen für die endgültige Zersetzung des Humus in mineralische Elemente, die für Pflanzen zugänglich sind.

Die Pflanzenfamilien

Pflanzen werden anhand gemeinsamer
Merkmale (Blüten, Zwiebeln, Wurzeln ...)
in botanische Familien eingeteilt.
Jede Pflanzenfamilie hat außerdem
ihren eigenen Nährstoffbedarf
und typische Schädlinge.

Den Standort der Pflanzenfamilien
jedes Jahr abzuwechseln ermöglicht:

✳ eine Schonung des Bodens: Jede Familie holt
sich nacheinander das, was sie braucht, aus dem
Boden und lässt ihm Zeit, sich zu erneuern.

✳ die lästigen Schädling zu verwirren.

Das nennt sich Fruchtwechsel: Plane durchschnittlich
4 Jahre ein, bevor du Pflanzen aus derselben Familie
wieder an den selben Ort setzt.

Um den Wechsel zu planen, unterscheidet man 4 große Gruppen, die in eigene Zonen gepflanzt werden:

Unentbehrliche Pflanzenfamilie, die Stickstoff aus der Luft in den Boden zurückführen kann, der dort für die Bodenfruchtbarkeit notwendig ist.

Hülsenfrüchte

Lauchgewächse & Kürbisgewächse

Kreuzblütler

Doldenblütler & Nachtschattengewächse

Gemüse, das nicht zu diesen Familien gehört (Salat, Mangold, Spinat …), ist weniger empfindlich und fügt sich dort ein, wo noch Platz ist.

Die großen Familien im Gemüsegarten:

Lauchgewächse

Kreuzblütler

Doldenblütler

Nachtschattengewächse

Hülsenfrüchte

Kürbisgewächse

Gänsefußgewächse

Korbblütler

Lippenblütler

Das Gleichgewicht eines Ökosystems

Ein natürlicher Lebensraum zeichnet sich durch den Boden, das Klima sowie die Flora & Fauna aus, deren Wechselwirkungen das Gleichgewicht und die Erhaltung des Lebensraums gewährleisten.

Must-have für ein gesundes Ökosystem? Biodiversität: Je größer die Vielfalt an Pflanzen- und Tierarten, desto schneller kann sich das Ökosystem nach Störungen (Naturkatastrophen, Krankheiten, Raubtiere) wieder erholen.

Das Ziel des Gemüse-gartens,

das bestmögliche Gemüse zu erhalten, ...

... stört den Boden,

❋ Wir fügen Nährstoffe hinzu,
die ursprünglich nicht enthalten waren.

❋ Wir entziehen dem natürlichen Kreislauf
einen Teil der Produktion (=Gemüse).

❋ Wir bevorzugen einjährige Kulturen mit kurzen
Lebenszyklen. Mehrjährigen Pflanzen mit tiefen Wurzeln
(Bäume, Sträucher) lassen aber Wasser besser in den
Boden einsickern und schränken die Bodenerosion ein.

... das Klima

Wir spielen mit der Bewässerung
und der Dichte der Kulturen, die
eine Belüftung verhindern.

... und die natürliche Biodiversität!

❋ Wir entfernen, was den Kulturpflanzen
Konkurrenz macht (Unkraut jäten).

❋ Wir wählen bestimmte Gemüsearten
aus, die ihre typischen Bestäuber und
Schädlinge anziehen.

Das Gleichgewicht der Umwelt wird gestört
und der Gemüsegarten wird immer anfälliger.
Er ist konstant auf Eingriffe von
außen angewiesen ...

Es sei denn ...

du unterstützt die
Artenvielfalt, indem du
verschiedene Hecken und
Blumen pflanzt, wilde Ecken
belässt, einen Teich anlegst ...

②

du gibst dem Boden das zurück,
was ihm entzogen wurde,
indem du z. B. Kompost oder
Pflanzenabfälle zuführst ...

③

du stärkst den Boden, indem du
Bäume und Sträucher pflanzt ...

Plane deinen Gemüse-garten

Ein Gemüse-garten nach deinem Geschmack

Wie groß soll dein Gemüsegarten sein?

Balkonkübel, Anbaufläche im Gemeinschaftsgarten, großes Grundstück ... Passe deine Pflanzenauswahl an deinen Platz und die Qualität des Bodens an.

Wie viel Zeit möchtest du aufwenden?

Frage dich ehrlich, wie viel Zeit pro Woche du bereit bist, im Garten zu arbeiten. Das hilft dir, realistische Ziele zu setzen und Frustrationen zu vermeiden.

Wozu dient dein Gemüsegarten?

Um dich zu ernähren, einen schönen
Garten zu haben, Aktivitäten mit Kindern
zu unternehmen ... Einen Gemüsegarten
anzulegen, der zu dir passt, garantiert,
dass du ihn immer pflegen wirst.

Was magst du gerne?

Bist du eher für Erbsen oder Auberginen?
Erstelle eine Liste deiner Must-haves und
ergänze diese mit leicht zu pflegenden Kulturen
... und stelle sicher, dass du bei
der Ernte anwesend bist.

Gemüsegarten-Porträts

Freizeit Gemüsegarten

🔍 Gemüsegarten zum Spaß haben.

⛶ Kübel, Kistenbeet, kleine oder große Beetfläche.

⏳ ⏳ ⏳

Was wird angebaut?

Gemüse, das einfach zu säen (Erbsen, Bohnen, Salate) und zu ernten (Kirschtomaten, Himbeeren …) ist. Perfekt für Groß und Klein.

Gourmet Gemüsegarten

🔍 Zum Verfeinern von Gerichten mit seltenen Nahrungsmitteln.

⛶ Kübel, Kistenbeet, kleine Beetfläche.

⏳ ⏳ ⏳

Was wird angebaut?

Eine große Vielfalt an Kulturen und Sorten, insbesondere Kräuter, alte Gemüsesorten und essbare Blumen.

Profi Gemüsegarten

🔍 Gemüsegarten zur Selbstversorgung.

⤢ Mindestens 20 m² in reichhaltiger Erde.

⏳⏳⏳

Was wird angebaut?

Unverzichtbare und nahrhafte Kulturen (Kartoffeln, Karotten, Erbsen, Kohl, Bohnen), aber wenig Vielfalt. Von den ertragreichsten Pflanzen werden Samen gesammelt und im Folgejahr wieder ausgesät.

Wilder Gemüsegarten

🔍 Der Natur ihren Lauf lassen.

⤢ Kübel, kleine oder große Beetfläche.

⏳⏳⏳

Was wird angebaut?

Gemüse und eine Auswahl an die lokalen Bedingungen angepassten, robusten Sorten. Wertschätzung essbarer „Unkräuter" (Löwenzahn, Brennnessel ...).

Plane deinen Gemüsegarten

Zücke Stift und Papier, denn jetzt
ist es Zeit, die Beete zu planen:

✳ Gib die Ausrichtung nach Norden, Süden, Osten,
Westen, Schattenbereiche und die Windrichtung an.

✳ Teile deine Fläche in mehrere gleich große Beete
ein. Fang klein an, aber plane bereits Bereich für
zukünftige Erweiterungen ein.

✳ Füge Wege und Hecken, …

vgl. EINE HECKE PFLANZEN, S. 76

Blumen, …

vgl. NÜTZLINGE ANLOCKEN, S. 100

einen Teich, ein Gartenhäuschen
und einen Kompost …

vgl. KOMPOST VERWENDEN, S. 88

hinzu.

✳ Ergänze die Anbauflächen mit dem Gemüse,
das du dort anbauen willst, … das ist Jahr 1 des
Fruchtwechsels in deinem Gemüsegarten.

Gartenplan

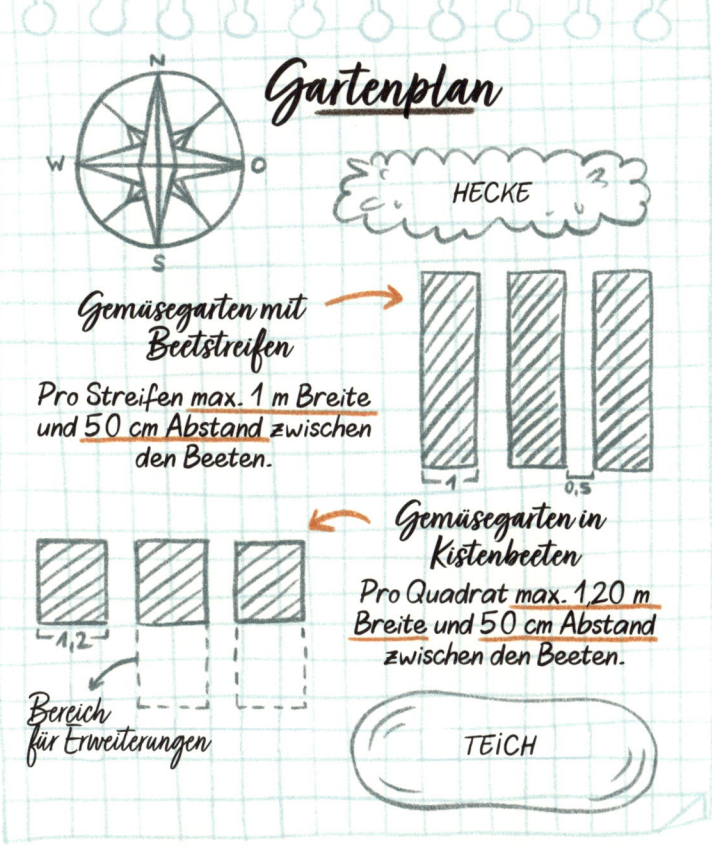

HECKE

Gemüsegarten mit Beetstreifen

Pro Streifen max. 1 m Breite und 50 cm Abstand zwischen den Beeten.

1

0,5

Gemüsegarten in Kistenbeeten

Pro Quadrat max. 1,20 m Breite und 50 cm Abstand zwischen den Beeten.

1,2

Bereich für Erweiterungen

TEICH

Ob auf einem Balkon oder in einem Garten: Plane möglichst einen naturbelassenen Bereich ein, der nicht in der Nähe von Verkehrsströmen liegt. Die Biodiversität wird es dir danken!

Der Plan für den Gemüsegarten...
mit Beetstreifen

Kompost

Garten-häuschen

Teich

Hauptweg

Bereiche zur Erweiterung

Wind-schutz-Hecke für kalten Wind

Windschutz-Hecke für starken Wind

Gemüsegarten von ca. 20 m²

**6 Beetstreifen,
je 2,5 m Länge x 1 m Breite,
im Abstand von 50 cm**

Hauptweg an der Nordseite,
um die am stärksten exponierten
Beete in S-W zu belassen
(in einem sehr windigen Garten pflanzt
du eine Hecke an der Nord- und Ostseite).

Beispiele für den Fruchtwechsel

JAHR 1

✳ **Hülsenfrüchte** (Erbsen,
Saubohnen, Buschbohnen)

✳ **Nachtschattengewächse
& Doldenblütler**
(Tomate, Aubergine,
Paprika, Karotte, Fenchel)

✳ **Kreuzblütler**
(Kohl, Rettich, Rübe)

✳ **Blumenwiese**

✳ **Kürbisgewächse &
Lauchgewächse** (Gurke,
Zucchini, Kürbis, Zwiebel)

✳ **Verschiedene Gemüsesorten**
(Kopfsalat, Mangold, Spinat)

*Und in Jahr 2:
Hopp, wir ziehen um!*

*Das ist ein Rotations-
system: Die Kulturen von
Beet 1 gehen im nächsten
Jahr auf Beet 2 über usw.*

Der Plan für den Gemüsegarten...
mit Kistenbeeten

4 Kistenbeete, max.
1,20 m x 1,20 m x 40 cm

Tiefe, im Abstand
von 50 cm

Beispiele für den Fruchtwechsel JAHR 1

✳ **Hülsenfrüchte** (Erbsen, Bohnen)

✳ **Nachtschattengewächse & Doldenblütler**
(Tomaten, Paprika, Karotten, Fenchel)

✳ **Lauchgewächse**
(Zwiebel, Knoblauch) & Blumenwiese

✳ **Kreuzblütler & Korbblütler**
(Rettich, Rübe, Salat)

Und auf einem Balkon?

✳ Bestimme den Standort und achte dabei vor allem auf die Lichtverhältnisse.

✳ Spare Platz, indem du Töpfe und Blumenkästen an einem Geländer aufhängst.

✳ Vermeide invasive (Zucchini, Melonen...) oder kletternde (Stangenbohnen) Kulturen.

Auswahl der Behälter

NACH GRÖSSE ⤹ ⤵ **NACH EIGENSCHAFT**

Verwende eine Tiefe von 20 cm für Gemüse mit flachen Wurzeln (Radieschen, Salat, Kräuter) und 40 cm für Fruchtgemüse (Tomaten, Paprika ...).

Um die Feuchtigkeit zu speichern, wähle Kunststoff oder Holz. Um die Belüftung zu fördern, bevorzuge Terrakotta. Um das Gewicht* zu begrenzen, sind Kunststoff oder Zink geeignet.

*Als Faustregel gilt:
Auf einem Balkon nicht mehr als 350 kg/m² (wassergesättigte Erde in Töpfen wiegt sehr viel).

Notizen für später

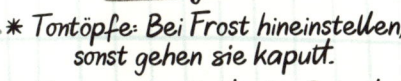

✳ Tontöpfe: Bei Frost hineinstellen, sonst gehen sie kaputt.

✳ Kunststofftöpfe: In den Schatten stellen, wenn die Sonne herabbrennt, um eine Überhitzung zu vermeiden.

Rüste dich aus

Wichtige Hilfsmittel für jeden Gärtner

eine Gartenschere

ein Messer

eine Handschaufel

eine Gießkanne mit Bewässerungsaufsatz

einen Eimer

Wenn du Lust hast.

einen Regenmesser, der nach jedem Regen abgelesen (und geleert) wird

Verbrauchsmaterial: jedes Jahr auffüllen

Saatgut und Setzlinge

Blumenerde, wenn du keinen Kompost hast

Etiketten

Wichtige Hilfsmittel für den Garten

eine Doppelgrabegabel
oder eine Spatengabel,
um die Erde zu belüften

ein Rechen und eine Harke, um
die Erde fein zu bearbeiten

Wenn du Lust hast.

eine Doppelhacke,
um Furchen zu ziehen

eine Jäthacke und eine
Pendelhacke zum Unkraut jäten

Das Anbau-Tagebuch

Dies ist ein Heft, um zu verstehen,
warum eine Kultur gut
(oder weniger gut) funktioniert
hat, damit du deine Methoden
anpassen kannst.

Gib dort mit Datum an:

✳ **Tätigkeiten:** säen und/oder pflanzen (Sorte, Art, Menge, an
welchem Ort), gießen (Menge), ernten (Menge, Qualität) ...

✳ **Beobachtungen:** Insekten, Schäden an
den Blättern, Mangelerscheinungen ...

✳ **Wetterbedingungen:** extreme Temperaturen
(Frost, Hitzewelle), Dürre, Niederschläge ...

Wann kannst du starten?

Auch wenn du deinen Gemüsegarten zu jeder Jahreszeit planen kannst, sind bestimmte Zeiten besser geeignet, um die Hände in die Erde zu stecken.

Einige nützliche Anhaltspunkte:

Im Winter

Die Erde ruht. Plane deinen Gemüsegarten (Sorten, Mengen, Fruchtwechsel …), während du auf wärmeres Wetter wartest.

Im frühen Frühling & im Herbst

Bearbeite den Boden, säe Gründüngung, bedecke die Erde.

Die "Eisheiligen"?

Mamertus, Pankratius, Servatius, Bonifatius und Sophie werden die Tage vom 11. bis 15. Mai genannt. Sie sind eine nützliche Orientierungshilfe für den Anbau im Gemüsegarten: Nach einer alten Bauernregel zeigen sie die letzten Nachtfröste des Frühjahrs an.

Im März/April

Beginnt die Aussaat.

Mitte Mai

Die Erde hat sich ausreichend erwärmt und die Gefahr von Frost ist nach den „Eisheiligen" gebannt ...Du kannst jetzt Pflanzen setzen!

Leg los!

Abgrenzen der Beete

Für Beetstreifen

Grenze für einen Gemüsegarten mit Beetstreifen zuerst deine Beete mit Schnüren ab:

4 Holzpflöcke

eine Schnur

einen Vorschlaghammer

ein Maßband

① Wickle die Schnur um jeden Holzpflock.

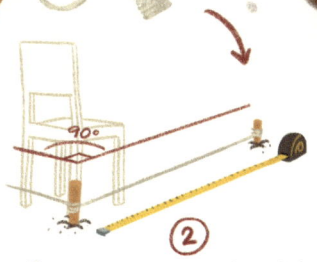

② Spanne sie im rechten Winkel (nimm ggf. einen Stuhl mit vier geraden Beinen zu Hilfe) und messe dabei mit dem Maßband.

③ Schlage die Pflöcke mit einem Vorschlaghammer ein.

oder

④ Ersetze langfristig die Schnüre durch Bretter im Boden oder füge weitere Holzpflöcke hinzu, um die Ränder der Beete besser zu stabilisieren.

Wenn der Boden „schwer" oder nass ist, bedecke die Wege mit Holzspänen.

Vermeide Kieselsteine, die sich schnell verteilen!

Ein Kistenbeet
selbst bauen

Für einen rechteckiges
Hochbeet mit den Maßen
2 m Länge x 1 m Breite x 40 cm Höhe:

6 Holz-Schalungsbretter
2 m x 20 cm

1 Kantholz
2 m x 5 cm x 5 cm

Holzschrauben

1 Akkuschrauber

Säge die Schalungsbretter so zu, dass du 4 Bretter
à 2 m und 4 Bretter à 1 m Länge erhältst.

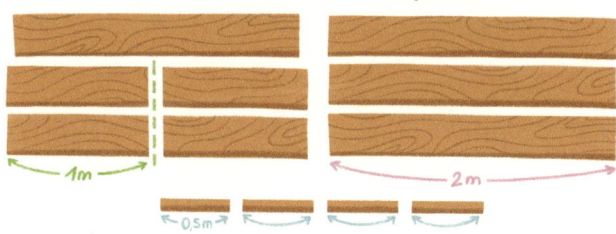

Säge das Kantholz in 4 Stücke von je 50 cm Länge.

Bilde mit 2 langen und 2 kurzen
Brettern ein Rechteck und platziere
an jeder Ecke ein Kantholz. Schraube
die Schalungsbretter von außen an die
Kanthölzer.

Füge eine 2. Reihe Schalungsbretter über der Ersten hinzu und
befestige sie auf dieselbe Weise
an den Kanthölzern.

Lass die Kanthölzer unten 10 cm
überstehen, um das Kistenbeet im
Boden zu verankern.

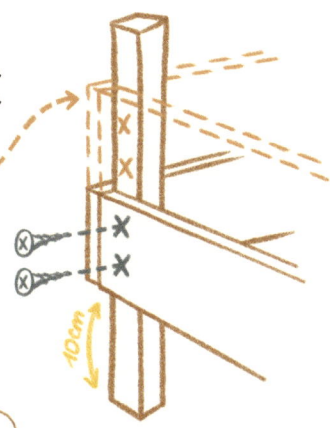

Tada!

Tipp

Um dein Kistenbeet
vor Feuchtigkeit zu
schützen, befestige
eine Mulchfolie an
den Innenwänden.

Den Boden vorbereiten

Vor dem Pflanzen brauchst du einen gut „vorbereiteten"
Boden, d. h. du beginnst mit Umgraben und förderst
fruchtbare Erde für kräftige Pflanzen.

Was kann ich tun?

✳ Lockere den Boden mit einer Spatengabel oder
einer Doppelgrabegabel, die die Erde anhebt, ohne sie umzudrehen,
und das Bodenleben nicht (zu sehr) stört - auch nicht die Regenwürmer.
Der Boden sollte weder zu trocken noch zu feucht sein: Idealerweise
wartest du nach einem kräftigen Regen 1-2 Tage, bis der Boden nicht
mehr an den Werkzeugen klebt (vor allem bei tonhaltiger Erde).

✳ Unkraut jäten

✳ Breche die „Klumpen"
(= große, kompakte Erdblöcke)
mit einer Harke auf.

✳ Gib Blumenerde oder Kompost auf die
Oberfläche und reche alles zu einer ebenen
Fläche... jetzt nur noch pflanzen!

Wie funktioniert eine Doppelgrabegabel?

1 Stelle die Doppelgrabegabel aufrecht auf den Boden und drücke die Zinken mit dem Fuß in den Boden.

2 Tritt zurück, sodass beide Arme ausgestreckt sind. Ziehe die Arme zum Körper Hebe dabei die Erde an, ohne sie umzudrehen.

3 Rüttle die Doppelgrabegabel, damit die Erde gut krümelt. Wiederhole den Vorgang alle 20 cm.

⚠ Achtung ⚠

Tritt nicht mehr auf die Passagen, die du gelockert hast, sonst ... musst du es wieder tun! Benutze nach dem Umgraben nur noch die Wege zwischen den Beeten.

Der Zeigefinger-Test

Wenn du deinen Zeigefinger ohne Widerstand in die Erde stecken kannst, ist sie „bereit".

Den Boden optimieren

Beim Start deines Gemüsegartens solltest du den Boden mit Blumenerde anreichern, um die Fruchtbarkeit zu fördern. Wenn du Glück hast, ist der Boden bereits nährstoffreich, dann kannst du darauf verzichten!

Was kann ich tun?

✳ Blumenerde liefert das richtige Verhältnis von Stickstoff (N), Phosphor (P) und Kalium (K), also Nährstoffe, die für das Wachstum von Obst und Gemüse unerlässlich sind.

Kuckuck, wir sind es wieder!

✳ Dem Boden Nährstoffe zuzuführen wird besonders für sandige Böden empfohlen.

Torffreie Blumenerde zum Schutz bedrohter Ökosysteme

Bio-Erde ist zertifiziert torffrei, um das empfindliche Ökosystem der Torfmoore zu erhalten, die ein Refugium seltener Arten sind und über Tausende von Jahren durch die Zersetzung einer farnähnlichen Sumpfpflanze entstanden sind.
Der Torf wird durch eine Mischung aus Kompost, Algen und Dung ersetzt.

Tipp

Ersetze die Blumenerde durch Kompost, wenn du welchen zur Verfügung hast.

vgl. KOMPOST VERWENDEN, S. 88

Säen oder Pflanzen (kaufen)

Säen oder pflanzen – wie entscheide ich?

✳ Wir säen Samen direkt ins Beet, wenn alle Bedingungen erfüllt sind, damit sie dort keimen können: Temperatur, Licht ... und wir die Geduld haben, darauf zu warten, dass unsere Pflanze aus diesem winzigen Samen wächst.

✳ Sonst pflanzen wir eine „Jungpflanze", die bereits in der Gärtnerei gekeimt und „aufgegangen" ist.

Wie säe ich?

①

Ziehe eine (oder mehrere)
Furche(n) entlang des Beets:

Und hopp!

✳ Flache Furchen mit den Zinken
einer Doppelgrabegabel.

✳ Etwas tiefere Furchen
mit einer Hacke.

②

Mmh, wie gemütlich!

③

Lege die Samen nach den Vorlieben
der jeweiligen Kultur aus.
Bedecke sie mit etwas feiner Erde,
Blumenerde oder reifem Kompost.

Drücke die Erde leicht
an und gieße in einem
feinen Wasserstrahl
mit der Gießkanne.

Schattiere deine Aussaat an heißen Tagen
(z. B. mit umgedrehten Paletten), um die
Verdunstung zu begrenzen.

Wie pflanze ich?

① Steck die Schaufel in den Boden und zieh den Stiel zu dir, um ein kleines Loch im Boden zu schaffen.

② Lege den Wurzelballen in dieses Loch.

③ Bedecke die Wurzeln mit feiner Erde und drücke sie leicht fest.

④ Gieße mit einem feinen Wasserstrahl.

Achtung, empfindliche Stelle

Achte beim Pflanzen besonders auf den Wurzelhals deiner Pflanze, wo die Wurzeln in den Stängel übergehen. Diese Stelle ist dein Anhaltspunkt für die richtige Pflanztiefe. Bitte die Pflanze weder beerdigen noch zu weit rausschauen lassen.

Das ist hier

Gemüse vorziehen

Der Schlüssel zu einer erfolgreichen Aussaat:

Feuchtigkeit
Halte die Erde feucht, damit sich die Aussaat gut entwickelt.

Licht
Stelle die Sämlinge vor ein helles Fenster und drehe sie regelmäßig.

Wärme
Stelle die Sämlinge an einen Ort mit einer konstanten Temperatur von etwa 20 ºC.

Das Material

Anzuchttöpfe oder -platten

Aussaat-erde

eine Schaufel

eine Gießkanne mit Bewässerungsaufsatz

Etiketten

KAROTTE
(Amsterdam)
S12/03

Name der Pflanze (Art, Sorte)
S für Aussaat + Datum

Was ist zu tun?

Nicht alle können keimen

Fülle den Anzuchttopf zu drei Vierteln mit Aussaaterde.

Befeuchte die Erde.

Lege zwei bis vier Samen zusammen in einen Topf.

Bedecke sie mit einer dünnen Schicht Anzuchterde.

Befeuchte die Erde erneut.

Füge das Etikett hinzu und notiere den Vorgang in deinem Anbau-Tagebuch.

Eine perfekte Pflanze!

Glänzende, gut entwickelte Blätter.

Unversehrt von Angriffen.

Kompakter Stängel (der sich bei Licht- mangel gestreckt hätte).

Das Wurzelsystem füllt den Wurzelballen gut aus.

Den Wurzelballen bei der Pflanzung aufbrechen!

Ein Lasagne-Beet anlegen

Ist dein Boden für den Gemüseanbau nicht geeignet (zu sauer, basisch ...)? Stelle ihn mit Hilfe der „Schichtkultur" wieder her, indem du abwechselnde Materialschichten auf dem Beet verteilst:

„Grünes"
Laub, Schalen, Gras ...

Dieses Material ist stickstoffreich, wird schnell abgebaut und erhöht kurzfristig die Bodenfruchtbarkeit.

„Braunes"
Holz, Kartons, Stroh, Laub ...

Dieses trockene, harte Material ist reich an Kohlenstoff. Es zersetzt sich langsamer und sorgt für langfristige Fruchtbarkeit.

Was ist zu tun?

①

Schichte bis zu 40 cm Material
übereinander, wobei sich braunes und
grünes Material in Schichten von 5 cm
abwechseln.

②

Wässere jede Schicht mit braunem
Material.

③

Beende den Stapel mit einer Mischung
aus Erde und reifem Kompost.

④

Begrenze das Beet mit Holzbrettern, um
die Ränder zu stabilisieren.

Zum Zeitpunkt der Pflanzung

✳ Grab ein Loch, das doppelt so groß ist wie der
Wurzelballen, und fülle Blumenerde hinein.

✳ Den gut angefeuchteten Wurzelballen hineinsetzen,
den Raum um die Wurzeln herum mit Blumenerde
auffüllen, das Ganze leicht festdrücken ... und gießen.

Die Schichten trocknen schnell aus:

Wenn die Kulturen zu wachsen
beginnen, halte die Fläche mit
Stroh bedeckt und achte auf die
Bewässerung.

Eine Hecke pflanzen

Eine Hecke hat im Gemüsegarten mehrere Vorteile:

✳ **Schutz** der Kulturen vor kalten oder starken Winden oder dem Eindringen von Tieren (Wildschweine …).

✳ **Verbesserung** der Wasseraufnahmefähigkeit des Bodens und Bekämpfung von Erosion.

✳ **Unterschlupf** für viele Nützlinge der Kulturpflanzen.

✳ **Locken** durch ihre Blüten Bestäuber an.

✳ **Bilden** essbare Früchte, die manchmal auch medizinische Wirkungen haben.

Einige Arten für eine multifunktionale Hecke:

Schlehe
Blüht im Frühling, Früchte
für Marmelade

Kornelkirsche
Blüht im Winter,
essbare Früchte

Bitterorange (Poncirus)
Blüht im Sommer, nach dem
Kochen essbare Früchte,
wehrhafte Dornen

Stechpalme „Alaska"
Immergrün, wehrhafte Dornen,
dekorative rote Früchte

Wacholder
Immergrün, Heilpflanze

Besuche die Website
vom NABU, um Hecken-
arten zu finden, die für
die lokalen Bestäuber
geeignet sind!

Die Beete pflegen

Gießen

Wasser ist für alle Pflanzen wichtig, besonders
für Gemüse, das bis zu 90 % Wasser enthält.
Regenfälle und ein lockerer, bedeckter
Boden begrenzen den Wasserbedarf und die
Gießhäufigkeit. vgl. Mulchen, S. 84 Finde hier
einige Tipps, wie du am besten gießen kannst:

Wann gieße ich?

✳ Gieße, wenn der Boden an
der Oberfläche trocken ist: Kratze ein paar
Zentimeter ab, um zu spüren, ob er darunter noch
feucht ist. Oder streiche über die Blüten: Wenn sie
abfallen, hat die Pflanze zu wenig Wasser.

✳ Gieße im Frühling eher am Morgen, damit die
Pflanzen vor einer kühlen Nacht nicht auskühlen.

Im Sommer eher am Abend, um die Verdunstung zu
begrenzen. Gieße nicht in der prallen Sonne.

✳ Gieße weniger oft, dafür aber reichlich, statt jeden
Tag wenig: Das Wasser dringt tiefer ein und der Boden
trocknet nicht so schnell aus.

✳ Gieße mit Wasser in Raumtemperatur.

✳ Gieße vor allem während der Pflanzzeit, der Blüte
und der Fruchtbildung.

Wie gieße ich?

✳ Gieße so nah wie möglich am Boden. Vermeide
es, über die Blätter zu gießen, da sich sonst
Krankheiten entwickeln können.

✳ Wähle zu Beginn eine Gießkanne mit
einem Bewässerungsaufsatz oder einen
Gartenschlauch mit einer Handbrause.

✳ Nach einigen Jahren, wenn dein Gemüsegarten
seine endgültige Form hat, kannst du in ein
automatisches Bewässerungssystem (Tropf-
oder Sprinkleranlage) investieren.

Wie viel gieße ich?

Das hängt von den Bedingungen ab: Auf sandigem Boden, im Sommer, zur Zeit der Fruchtbildung usw. wird dein Gemüse mehr Wasser benötigen.

Überprüfe die Menge, indem du nach dem Gießen die Bodenfeuchtigkeit kontrollierst. Notiere die zugeführten Mengen in deinem Anbau-Tagebuch, um sie ggf. anzupassen.

Plane etwa eine Gießkanne mit 12 l/m² (entspricht 12 mm Regen) ein.

Ein 15 mm Regenschauer ersetzt im Sommer eine Bewässerung!

 Achtung

Auf Balkonen oder in erhöhten Kübeln solltest du mehr gießen als im Freiland: Die Erde trocknet hier schneller aus.

Wie weiß man, wie viel Wasser aus dem Schlauch kommt?

Fülle eine Gießkanne mit dem Schlauch und miss die Zeit, die du zum Füllen benötigst (je nach Fassungsvermögen: z. B. 10 oder 12 l). Stoppe beim Gießen die Zeit pro Beet mit diesem Bezugspunkt im Hinterkopf.

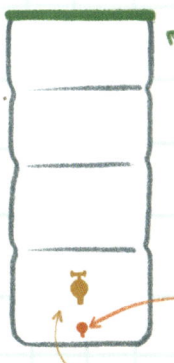

Regenwasser sammeln

Um im Gemüsegarten unabhängiger zu sein, kannst du einen Regenwasser-sammler an einer Dachrinne anbringen.

Decke ihn ab, um das Einnisten von Mücken zu verhindern und versieh ihn mit einem tief liegenden Abfluss-hahn und einem 10 cm darüberliegenden Wasserhahn, um das Wasser zu entnehmen.

Mulchen

Um den Boden lebendig, fruchtbar und wasserspeichernd zu halten, kannst du ihn mulchen, d. h. mit einer dicken Schicht aus Pflanzenabfällen (es muss also nicht unbedingt Stroh sein) bedecken.

> Buuuh, nackte Böden!

> Versteck die Erde, sodass du sie nicht sehen kannst ...

Wie mulche ich?

Bedecke den Boden mit mindestens 10 cm Stroh oder Pflanzenresten, Rasenschnitt, Holzspänen ...

Vermeide Pflanzen mit Samen oder Nadeln von Nadelbäumen, die nur schwer abgebaut werden können.

Wie mulche ich?

* Ab dem späten Frühjahr, wenn die Pflanzen gut entwickelt sind. Jäte Unkraut, gieße und mulche dann. Der Mulch bleibt dann das ganze Jahr über auf dem Boden, vor allem, um die Kulturen im Winter vor Kälte zu schützen (Gruß an den Lauch).

* Ziehe im Spätwinter mit dem Rechen die Reste von nicht verrottetem Mulch auseinander, damit sich die Erde vor der Pflanzung schneller erwärmt.

Warum mulche ich?

Es nährt den Boden und insbesondere die Regenwürmer, die mit ihren Ausscheidungen dann die Pflanzen ernähren.

Es hält die Erde feucht und verbessert die Aufnahme von Wasser.

Es verhindert Bodenerosion, da er vor Wind und starken Regenfällen geschützt ist.

Es verhindert das Wachstum von Unkräutern, indem ihnen das Licht entzogen wird.

Mulch ist Nahrung, Schutz, Bewässerung und Unkrautvernichtung!

Unkraut jäten

Wilde Wucherer können uns zwar einiges über den Boden erzählen (vgl. Wilde Wucherer, S. 16), aber sie behindern auch die Entwicklung der Kulturen im Gemüsegarten, indem sie mit ihnen konkurrieren (Zugang zu Licht, Nährstoffen, Wasser ...).

Wie jäte ich Unkraut?

✳ Jäte häufig, schnell und leicht Unkraut, anstatt selten und unter Schmerzen ...

✳ Entferne die Pflanzen, wenn möglich mitsamt ihren Wurzeln, und lass sie mit den Wurzeln nach oben auf dem Boden liegen, damit sie austrocknen und nicht neu anwachsen können.

Wann jäte ich Unkraut?

TONHALTIGE ERDE	SANDIGE ERDE
bei feuchtem Boden	bei trockenem Boden

vgl. Verschiedene Bodentypen, S. 6

Zwei Werkzeuge zur Unkrautbekämpfung

Jäthacke

✳ Jätet Unkraut 3-4 cm tief.

✳ Verschiebe die Erde in kleinen Schichten, gib etwas Erde auf den Wurzelhals.

> Von den Füßen ausgehen und sich von ihnen entfernen.

> Die richtige Haltung: Füße weit auseinander, ohne den Boden zu zertrampeln.

Pendelhacke

✳ Jätet Unkraut an der Oberfläche, wie ein Besenstrich.

✳ Schneidet die Wurzeln unter der Erde ab, ohne sie zu bewegen.

Kompost verwenden

Die Kompostierung beschleunigt die Zersetzung organischer Stoffe. Das Ergebnis, der Kompost, verbessert die Bodenstruktur und nährt den Boden nachhaltig.

Das Prinzip

Ein Gleichgewicht zwischen der Zufuhr von „grünem", stickstoffreichem Material und „braunem", kohlenstoffreichem Material, das schwerer abbaubar ist

vgl. EIN LASAGNE-BEET ANLEGEN, S. 74

Durch Würmer und Mikroorganismen, aber auch durch Feuchtigkeit und Luft werden diese Bestandteile schnell abgebaut.

* Vermeide massive Zugaben einer Materialart, sondern füge sie nach und nach hinzu.

* Überwache die Feuchtigkeit deines Komposts: Gieße ihn, wenn er trocken ist, füge trockenes Material hinzu, wenn er feucht ist.

* Mische deinen Kompost zu Beginn wöchentlich, danach alle 1 bis 2 Monate.

Wann ist der Kompost fertig?

Er ist dunkel (wie 70%ige Zartbitterschokolade), feinkrümelig und riecht nach Unterholz. Rechne mit einer Umwandlungszeit von 6 Monaten.

> Lecker!

Wann wird der Kompost ausgebracht?

Im Herbst oder im Frühjahr. Wenn du nur wenig davon hast, hebe ihn für die Anpflanzung von anspruchsvollem Gemüse (Tomaten oder Kürbisse) auf.

OK für den Kompost 😊

Grünes Material
Laub, Rasenschnitt, Gartenabfälle, Schalen und Küchenreste (Kaffeesatz, Tee), Brennnesseln.

Braunes Material
Zweige, Äste, Laub, leere Kartons, zerkleinerte Eierschalen, Erdreste aus Blumenkästen, Stroh und Heu.

Nicht OK für den Kompost ☹

Reis oder Nudeln, die Ratten anziehen, Kerne, Schalen von Meeresfrüchten, Kartons mit Tinte, Plastik, kranke oder samenhaltige Pflanzen.

Baue deinen Komposter aus Holzrosten*

9 Holzroste
50 x 50 cm

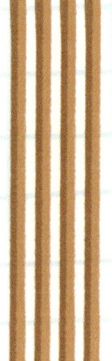

4 Kanthölzer
1 m x 4 cm x 4 cm

Holzschrauben

1 Hammer

1 Akkuschrauber

4 Scharniere

* Gut zu Wissen: Funktioniert abgewandelt auch mit Paletten!

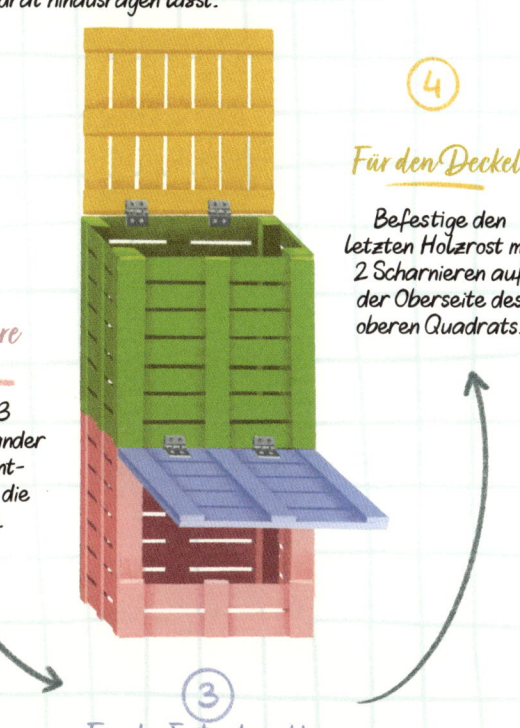

① Für das obere Quadrat

Bilde ein Quadrat aus 4 Holzrosten, die du miteinander verschraubst. An jeder Ecke befestigst du ein Kantholz, das du oben aus dem Quadrat hinausragen lässt.

④ Für den Deckel

Befestige den letzten Holzrost mit 2 Scharnieren auf der Oberseite des oberen Quadrats.

② Für das untere Quadrat

Verschraube 3 Holzroste miteinander und mit den Kanthölzern. Drehe die Konstruktion.

③ Für die Entnahmeklappe

Schneide 2/3 eines Holzrostes ab. Schraube den kürzeren Teil ganz unten an die Kanthölzer, sodass er bündig mit dem Boden abschließt. Befestige den längeren Teil mit 2 Scharnieren darüber.

Mangelerscheinungen behandeln: Spezielle Dünger

Während Kompost die allgemeine Zusammensetzung des Bodens langfristig verbessert, sind Dünger ein Fruchtbarkeitsbooster. Sie wirken schnell, indem sie die Nährstoffe liefern, die die Pflanzen benötigen.

Wie es funktioniert

Beobachte deine Pflanzen. Durch ihr Aussehen und ihr Wachstum zeigen sie dir, ob sie einen Mangel oder einen Überschuss an bestimmten Nährstoffen haben.

> Korrigiere die Versorgung deiner Pflanze, indem du ihr mit Hilfe von Dünger die benötigten Nährstoffe zuführst.

Beispiele für Dünger

* **Brennnessel-Jauche:** ist reich an Stickstoff und hält Blattläuse, Echten und Falschen Mehltau fern.

vgl. ANGRIFFE ABWEHREN, S. 96

Perfekt für das Wachstum von Jungpflanzen.

* **Beinwell-Jauche:** Liefert Kalium. Perfekt für die Fruchtbildung von Gemüse.

93

Leichtes Rezept für nahrhaften Dünger

①

Mische in einem großen Eimer mit Deckel 1 kg frisch geschnittene Pflanzen mit 10 l Wasser.

②

Verschließe den Eimer und lasse ihn zwei Wochen ziehen. Rühre jeden Tag um. Die Jauche ist fertig, wenn sie beim Umrühren keine Blasen mehr wirft.

③

Filtere die Jauche und bewahre sie in Kanistern auf (aus Plastik, da Metall zur Oxidation führt) - und beschrifte den Behälter.

④

Bewahre die Jauche an einem kühlen, lichtgeschützten Ort auf.

Verwende sie in einer Verdünnung von 20 % mit Gießwasser oder 5 % als gezieltes Spray.

Bei Stickstoffmangel im Boden: Denk an Gründüngung!

Ackerbohne

Klee

Luzerne

Kuckuck, Hülsenfrüchte!

vgl. DIE BOTANISCHEN FAMILIEN, S. 36

Diese Pflanzen haben die Fähigkeit, Stickstoff in den Boden zurückzugeben, dem es an Stickstoff mangelt.

✳ Auf dem zu düngenden Beet aussäen.

✳ Zerschneiden und in die ersten Zentimeter des Bodens Einarbeiten, damit sie dort verrotten und Stickstoff liefern.

Angriffe abwehren

Lerne, die häufigsten Gefahren zu erkennen und wie du sie bekämpfen kannst:

← Nacktschnecke & Weinbergschnecke →

Besonderheit: Befallen vor allem Jungpflanzen, Rüben und Kartoffeln.

Schaden: Angefressene Blätter mit Löchern, Schleimspuren.

Mittel zur Bekämpfung: Lege am Fuß der Beete Holzbretter aus, um sie anzulocken. Sammle sie unter diesen Brettern oder direkt von den Pflanzen ab, lege sie in einen Eimer und bringe sie weit weg vom Gemüsegarten.

Echter Mehltau

Durch einen Pilz verursachte Krankheit

Besonderheit: Befällt vor allem Kürbisgewächse (Zucchini, Gurken, Gewürzgurken) oder Feldsalat infolge von Wasserstress.

Schaden: Blätter und Stängel haben ein weißes, pudriges Aussehen.

Mittel zur Bekämpfung: Gieße und fördere die Belüftung. Entferne die betroffenen Blätter und bringe sie aus dem Gemüsegarten. Besprühe die Pflanzen mit Molke.

Falscher Mehltau

Durch einen Pilz verursachte Krankheit

Besonderheit: Befällt vor allem Kartoffeln, Tomaten und Zwiebeln.

Schaden: Braune Flecken auf der Blattoberseite und weiße Sporen auf der Blattunterseite.

Mittel zur Bekämpfung: Fördere die Belüftung. Entferne betroffene Blätter und besprühe die Pflanze mit Ackerschachtelhalm-Jauche.

Nagetiere

Wühlmaus, Feldmaus, Maulwurf ...

Besonderheit: Können sich in den Mulch am Fuß der Pflanzen zurückziehen.

Schaden: Pflanzen werden abgefressen, graben Gänge.

Mittel zur Bekämpfung: Raubtiere (Bussarde, Eulen, Elstern ...) durch Hecken oder Bäume anlocken. Entrümpeln und Mulch entfernen, unter dem sie sich verstecken. Vermeide den Einsatz von Katzen, da diese auch Vögel jagen.

Erdflöhe

Schwarzglänzende, springende Käfer

Besonderheit: Befallen vor allem Kreuzblütler (Rettich, Rüben, Kohl ...).

Schaden: Blätter und Stängel perforiert. Gefressene Wurzeln.

Mittel zur Bekämpfung: Als vorbeugende Maßnahme solltest du im Frühjahr ein sehr dünnes (3 mm) Schutznetz über deine Kulturen legen und die Seiten des Netzes eingraben.

Lecker!

Blattläuse

Besonderheit: Ernähren sich von Pflanzensäften, besonders wenn diese stickstoffreich sind.

Schaden: Verformte, verkrampfte Blätter. Sichtbare Ameisen auf der Pflanze, die vom Honigtau der Blattläuse angelockt werden.

Mittel zur Bekämpfung: Spritzen mit Brennnessel-Jauche oder Schmierseife.

Vor allem aber solltest du darauf achten, ökologisch sinnvolle Methoden anzuwenden,

vgl. GLEICHGEWICHT EINES ÖKOSYSTEMS, S. 38

für einen selbstständigeren und widerstandsfähigeren Gemüsegarten, mit:

✳ langen Fruchtfolgen.

✳ einer Auswahl an Gemüsen und Sorten, die dem Boden und dem Klima angepasst sind.

✳ einer ausgewogenen Düngung, um das Bodenleben zu nähren.

✳ ökologischer Vielfalt zur Förderung von Nützlingen.

Nützlinge anlocken

Nützlinge sind die Verbündeten des Gemüsegartens: Sie bestäuben Blumen und/oder ernähren sich von Schädlingen, die ihn bedrohen.

Die Strategie: Die Präsenz der einen fördern, um die Präsenz der anderen zu begrenzen ... und ein natürliches Gleichgewicht der Kräfte anstreben.

Um Nützlinge anzulocken brauche ich:

* Einen Platz für wilde Pflanzen.

* Ein Feuchtgebiet oder sogar einen Teich, um Libellen, Kröten und Frösche anzuziehen.

* Hecken, vgl. EINE HECKE PFLANZEN, S. 76 Bäume, Blumen ...

Blumen, die wir und die Nützlinge mögen
... im Frühling aussäen!

Indische Nelke

zieht Bestäuber an und hält
Blattläuse fern.

Kapuzinerkresse

zieht Blattläuse an, essbare
Blumen (und Blätter!) mit
pfeffrigem Geschmack.

Borretsch

zieht Bestäuber an, essbare Blume
mit Austerngeschmack.

Es gibt sie in Gelb,
Orange, Dunkelrot,
groß, klein ...!

Sonnenblume

zieht Bienen und viele andere
Bestäuber an.

Nützlinge, die Schädlinge fressen

Der Marienkäfer

Erkennungsmerkmal: Orange, gelb oder rot, mit 2, 7 oder 14 Punkten. Der Marienkäfer hat 6 Beine und 2 Flügelpaare.

Auf seinem Teller: Blattläuse.

Rückzugsorte: Brennnesseln, mehrjährige Pflanzen, Pflanzenabfälle.

Die Florfliege

Erkennungsmerkmal: Grünes Insekt mit langen, dünnen und zerbrechlichen Flügeln.

Auf seinem Teller: Blattläuse.

Rückzugsorte: Unbeheizte Gebäude zum Überwintern.

Die Schwebfliege

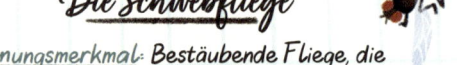

Erkennungsmerkmal: Bestäubende Fliege, die Schwebfliege sieht aus wie eine kleine Wespe.

Auf seinem Teller: Blattläuse (die Larven der Schwebfliegen ernähren sich von Frühjahr bis Herbst von ihnen).

Rückzugsorte: Pflanzenreste, ganzjährige Blumen und bedeckte Erde.

Die große Heuschrecke

Erkennungsmerkmal: Die großen Antennen und der
lange Säbel, den die Weibchen am Ende des Hinterleibs haben
(mit dem sie ihre Eier in den Boden stechen).

Auf seinem Teller: Blattläuse, Kartoffelkäferlarven, Raupen.

Der schwarze Moderkäfer

Erkennungsmerkmal: Großer, bläulich-
schwarzer Käfer, kommt nachts heraus.

Auf seinem Teller: Weinbergschnecken,
Nacktschnecken und Nacktschneckeneier,
Insektenlarven.

Rückzugsorte: Steine, Laub, Holzstämme.

Aber auch ...

Spinnen die Blattläuse fressen, Fliegen,
Raupen, die zu Schmetterlingen werden ...

Vögel, die Insekten, insbesondere
Blattläuse, fressen - nur im Sommer.

Im Winter kannst du ihnen Samen als Nahrung hinlegen:

✳ Cosmos-Samen für Stieglitze.

✳ Sonnenblumenkerne für die Meisen.

Rankhilfen

Das Stützen bestimmter Gemüsesorten ist für ihr gutes Wachstum unerlässlich. Achte auf die Festigkeit der Stützen, die das Gewicht der Pflanzen tragen, aber auch wetter- und windbeständig sein müssen.

Wie du einen Rankgitter baust

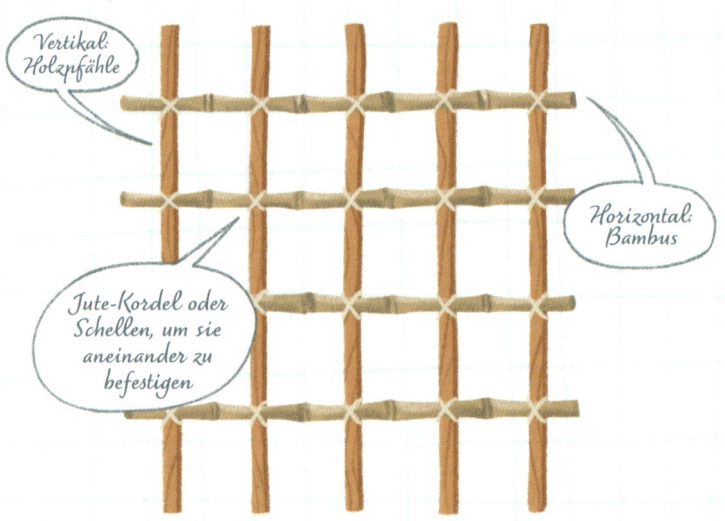

Vertikal: Holzpfähle

Horizontal: Bambus

Jute-Kordel oder Schellen, um sie aneinander zu befestigen

Stangenbohnen & Gurke

Lass sie an einer Tipi-ähnlichen
Stockkonstruktion, einem Jute-Netz oder einem
festen Maschendraht wachsen: Die Ranken
werden sich von selbst festhalten.

Bereits bei der Aussaat
oder Pflanzung aufbauen.

Tomate & Paprika

Im Laufe ihres Wachstums an
einen Pfahl oder Spiralstab
binden, Pflanze für Pflanze
oder mit einem Käfig- oder
Gittersystem für mehrere
Pflanzen gleichzeitig.

Aufbau, sobald sich die Pflanze
ausreichend entwickelt hat.

Anhäufeln

Anhäufeln bedeutet, mehr Erde um
den Fuß einer Pflanze zu bringen,
indem man einen kleinen Hügel bildet.

Stärkt den Hauptstamm

z. B.: windresistentere
grüne Bohnen.

Schützt vor Feuchtigkeit

z. B.: Zwiebeln.

Blanchiert einen Teil des Gemüses

Das bedeutet, du erhöhst die Größe des
vergrabenen Teils, den du isst.

z. B.: Lauch.

Für bestimmte Zwecke kann das
Anhäufeln durch Mulchen ersetzt werden
(insbesondere bei Kartoffeln).

Hilfsmittel

Jäthacke, aber auch
Doppelhacke oder Rechen.

Ernten & Lagern

Während frisches Gemüse innerhalb weniger Tage nach der Ernte verzehrt wird, können einige Gemüsesorten monatelang aufbewahrt werden: Zwiebeln, Kürbisse, Karotten, Kartoffeln ...

Vorausgesetzt, sie werden unter den richtigen Bedingungen gelagert:
✳ An einem kühlen (oder bei Kürbissen 15 °C), belüfteten, frostfreien und lichtgeschützten Ort.
✳ Verwende Kisten oder Jute-Säcke.

Lauch und Kohl werden „auf dem Feld" gelagert. Ernte sie den ganzen Winter über nach Bedarf. Pastinaken schmecken nach dem ersten Frost sogar noch besser.

> Du kannst dein Gemüse natürlich auch einfrieren oder konservieren.

Die Must-haves im Gemüsegarten

Artischocke

Zeigt die botanische Familie an.

Die Artischocke ist ein mehrjähriges Gemüse ...

... eine Pflanze produziert fünf Jahre lang, bevor ihr die Luft ausgeht!

Säen
März/April oder
September/Oktober

Ernte
Sommer oder Frühling

Boden
Mit Kompost angereichert,
mindestens -5 ºC

Lichtbedarf
Sonne

Wasserbedarf

Pflanzabstand
1m

Anfällig für
Echten und
Falschen Mehltau

✳ Pflanze Artischocken im Frühling oder Herbst und gib etwas Kompost hinzu. Ein feuchter Boden erleichtert das Anwachsen.

✳ Im Sommer regelmäßig am Fuß der Pflanzen gießen und mulchen. Im Herbst abgestorbene Blätter entfernen. Im Winter anhäufeln und mulchen, um die Artischocken vor Kälte zu schützen. Bei Temperaturen unter -5 ºC sollte ein Wintervlies verwendet werden.

✳ Die grünen Deckblätter beginnen sich zu spreizen? Jetzt ist es Zeit zu ernten! Schneide die Artischocke so ab, dass 10 cm des Stiels übrig bleiben.

Basilikum

Säen
von März bis Juli

Ernte
von Juli bis Oktober

Boden
Leicht, sandig, luftig und
steinfrei, mindestens 15 °C

Lichtbedarf
Sonne

Wasserbedarf

Pflanzabstand
50 cm

Temperatur
ideal: 20 °C

✳ Basilikum ist einfach: Es liebt die Sonne,
die Wärme und Böden, die kühl bleiben.
Es mag weder Wind noch zu viel Durst.

✳ Gieße immer am Fuß der Pflanze, um zu
verhindern, dass die Blätter nass werden.

✳ Pflücke die Spitzen der Stängel, damit aus den
Blattachseln die neuen Triebe folgen können.

✳ Genieße ihn in Salaten oder als Pesto, gehackt
mit Knoblauch, Pinienkernen und Olivenöl.

Bohnen

Familie zählt doppelt!

Säen
von Mai bis August

Ernte
von Juli bis Oktober

Boden
aufgewärmt, +10 ºC
erforderlich

Lichtbedarf
Schatten

Wasserbedarf
💧💧💧

Pflanzabstand
15 cm bei Stangenbohnen
+ Rankhilfe, 30 cm bei
Buschbohnen + Häufeln

Temperatur
ideal: 18-27 ºC

Anfällig für
Schnecken

Stangenbohne
14 bis 26 Wochen zwischen Aussaat und Ernte

✳ Um Schneckenschäden im Frühjahr zu vermeiden, säe ab Mai 2 Samen pro Topf (10 x 10 cm).

✳ Wenn die Wurzeln aus den Töpfen austreten, platziere eine Rankhilfe (Tipi, Netz oder Gitter) im Beet und pflanze die Bohnen im Pflanzabstand von 15 cm neu ein.

Oder säe ab Juli direkt ins Beet (auch im Pflanzabstand von 15 cm).

✳ Regelmäßig gießen.

✳ Bohnen regelmäßig pflücken, um die Pflanzen zu stimulieren.

Buschbohne
7 bis 14 Wochen zwischen Aussaat und Ernte

✳ Um Schneckenschäden im Frühjahr zu vermeiden, säe ab Mai 2 Samen pro Topf (10 x 10 cm).

✳ Wenn die Wurzeln aus den Töpfen kommen, pflanze sie im Beet alle 30 cm neu ein.

Oder säe ab Juli direkt ins Beet, in Reihen Samen für Samen im Pflanzabstand von 5 cm oder in Gruppen mit 4 Samen im Pflanzabstand von 30 cm.

✳ Häufel die Pflanzen an, wenn sie eine Höhe von 15 cm erreicht haben.

✳ Regelmäßig gießen.

✳ Bohnen regelmäßig pflücken, um die Pflanzen zu stimulieren.

Erbsen

> Ob klein,
> Alleskönner oder
> Feinschmecker - alle
> Erbsen sind reich an
> Vitaminen,
> Mineralien …

> … und gut für
> den Boden!

Familie zählt
doppelt!

Säen
von März bis Juni

Ernte
von Juni bis September

Boden
reich

Lichtbedarf
Schatten

Wasserbedarf

Pflanzabstand
5 cm + Pfahl

Temperatur
ideal: 18-23 °C

Anfällig für
Echten und
Falschen Mehltau

٭ Säe in 2 cm tiefe die Reihen direkt ins Beet.

٭ Wenn die Pflanzen 4 Blätter haben,
ausdünnen und alle 5 cm eine Pflanze stehen lassen.

٭ Bringe eine Rankhilfe an.

٭ Regelmäßig gießen.

٭ Regelmäßig ernten, um die Pflanze zu stimulieren.

Fenchel

Säen
von Mai bis Juli

Ernte
von Juli bis Oktober

Boden
humusreich

Lichtbedarf
Sonne

Wasserbedarf

Pflanzabstand
30 cm

Anfällig für
Schnecken

✳ Säe, sobald der letzte Frost
vorbei ist, und alle 3 Wochen
neu, um den Erntezeitraum zu
vergrößern. Verteile 3 Samen
auf 30 cm und in 1 cm Tiefe.

✳ Den Fenchel regelmäßig gießen, da er bei Wassermangel
Samen austreibt. Die Pflanze auf halber Höhe anhäufeln, wenn
die Knolle beginnt auszutreiben, damit sie nicht verhärtet.

✳ Ernten den Fenchel, wenn die Knolle so groß
wie ein Tennisball ist. Schneide ihn an der Basis ab,
damit die Wurzel neue Blätter produziert, die du
dann in der Küche verwenden kannst.

115

Gewürzgurke

Wusstest du schon?

Die Gewürzgurke ist eine kleine Gurke, die man einlegt, damit sie scharf wird!

Säen
von April bis Juni

Ernte
von Juni bis September

Boden
reich und frisch, wasserdurchlässig

Lichtbedarf
Sonne

Wasserbedarf

Pflanzabstand
50 cm + Pfahl

Anfällig für
Echten und Falschen Mehltau

* Säe einen Samen pro Topf (mind. 10 x 10 cm) ab April, oder ab Mitte Mai direkt ins Beet.

* Stelle vor dem Pflanzen einen Pfahl auf. Halte den Boden feucht, damit alles gut anwächst.

* Regelmäßig gießen.

* Zwicke die Spitze der Pflanze ab, wenn sie die Spitze des Pfahls erreicht hat und ihre Fläche ausreichend groß ist.

* Das häufige Pflücken der Gurken regt das Wachstum neuer Früchte an.

Karotte

Säen
von Februar bis Juli je nach
Sorte (aber nicht nach dem
14. Juli)

Ernte
von Mai bis November

Boden
Leicht, sandig, locker
und steinfrei

Lichtbedarf
Sonne

Wasserbedarf

Pflanzabstand
8 cm

Temperatur
Minimum: 10 °C

> Geht in 8 bis
> 9 Tagen auf!

> Die Inhaltstoffe
> sind gut für
> Augen und
> Haut.

* Säe die Karotten dicht an dicht in einer Reihe 1 cm tief
in steinfreien Boden, um eine Teilung zu vermeiden.

* Nach dem Keimen alle 2 cm ausdünnen.
Zwei Wochen später jeden zweiten Trieb
entfernen, um die Karotten zu vereinzeln.

* Nachsaat alle 3 Wochen, um die Ernte vom
Sommer bis zum Winter zu verteilen.

* Unkraut entfernen und regelmäßig gießen.

* Zwei Monate später können die Karotten roh oder gekocht
genossen werden ... so wie man sie am liebsten mag!

Kartoffel

Säen
von März bis Mai

Ernte
von Juli bis Oktober

Boden
leicht (eher sandig)
und aufgelockert

Lichtbedarf
Sonne

Wasserbedarf

Pflanzabstand
40 cm

Temperatur
ideal: 18-20 °C

Anfällig für
Falschen Mehltau,
Kartoffelkäfer

Für "neue" Kartoffeln
(frühe Sorten) ...

... ernte im Juni,
wenn die Pflanzen
blühen!

Gut zu wissen

Schütze deine Kulturen mit einem Insektenschutzvlies
gegen den Kartoffelkäfer. Oder wechsle zwischen hohen
und niedrigen Kulturen ab, um die Käfer zu stören.

✳ <u>Kartoffeln keimen</u>, indem man sie eine Woche an der Luft stehen lässt.

✳ Wenn kleine, feste, gerade Knospen austreten, pflanze die Knollen in eine 10 cm tiefe Furche, <u>mit der Keimung nach oben</u> und im Pflanzabstand von 40 cm. Mit Erde bedecken.

✳ Über den Kartoffelreihen <u>regelmäßig anhäufeln:</u> Mit der Hacke oder durch das Einbringen von Mulch.

✳ Bei trockenem Wetter gießen, ohne die Blätter nass zu machen.

✳ Knollen bilden sich, wenn die Blüten verwelkt sind: zu diesem Zeitpunkt gießen.

✳ Wenn die Blätter ein zweites Mal trocken werden, ist es Zeit für die Ernte: <u>Mähe die Pflanzen</u> und grabe die Kartoffeln mit einer <u>Mistgabel</u> aus.

✳ <u>Kühl</u>, luftig und vor Licht geschützt lagern.

Warum werden Kartoffeln angehäufelt?

✳ Unkrautvernichtung.

✳ Förderung der Verzweigung der Wurzeln und der Entwicklung neuer Knollen.

✳ Erleichterung der Ernte.

✳ <u>Vermeidung von Grünstich im Licht.</u>

Kopfsalat

Säen
von Februar bis Oktober

Ernte
von Januar bis Dezember

Boden
reich und feucht, verträgt
Kälte (bis 7 °C)

Lichtbedarf
Schatten

Wasserbedarf
💧💧💧

Pflanzabstand
30 cm

Temperatur
ideal: 20-25 °C

Anfällig für
Schnecken,
Blattläuse, Raupen

* Entferne den Mulch und säen oder pflanze direkt ins Beet. An einen schattigen Platz im Hochsommer.

* Schutzvlies vor Mai einplanen.

* Regelmäßig gießen, um den Boden feucht zu halten.

* Kopfsalat, Romanasalat oder Bataviasalat ernten, indem man sie in Bodennähe oder Blatt für Blatt von außen abschneidet.

Lauch

Säen
von April bis September

Ernte
von September bis März

Boden
kühl, wasserdurchlässig

Lichtbedarf
Sonne

Wasserbedarf

Pflanzabstand
20 cm

✳ Säe ab Februar fünf Samen pro Topf (mind. 10 x 10 cm), oder ab Mitte Mai direkt ins Beet.

✳ Setze die Setzlinge ab April 10 cm tief in die Erde. Bis zur Blattbasis bedecken und gießen.

✳ Regelmäßig am Fuß der Pflanze gießen und nach und nach anhäufeln, um das Wachstum des zarteren weißen Teils zu erhöhen.

✳ Mit einer Spatengabel nach Bedarf umbrechen, wobei der Lauch den Winter „auf dem Feld" verbringen kann.

Mangold

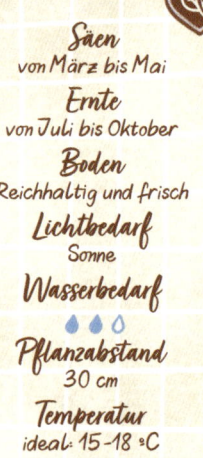

Säen
von März bis Mai

Ernte
von Juli bis Oktober

Boden
Reichhaltig und frisch

Lichtbedarf
Sonne

Wasserbedarf

Pflanzabstand
30 cm

Temperatur
ideal: 15-18 °C

Anfällig für
Schnecken, Erdflöhe,
Blattläuse

Gut zu wissen:
Es gibt ihn in
Gelb, Rot, Orange,
Purpur, Pink &
Weiß!

Stil- und Blattmangold ist verwandt mit der Rübe.
Man isst von ihm jedoch die Blätter und nicht die Wurzel.

✳ Säe Mangold in einen Topf und pflanze ihn
im Frühjahr; er ist dann resistenter gegen Schnecken.

✳ Gieße den Mangold regelmäßig,
ohne die Blätter nass zu machen.

✳ Nimm bei der Ernte vorrangig die äußeren
Blätter und schneiden sie in Bodennähe ab.

✳ Behalte den Wurzelstock von einem Jahr zum
anderen und schütze ihn im Winter mit gutem Mulch.

Minze

Gut zu wissen: Hält Schädlinge fern, die ihren Geruch nicht mögen ...

... was für ein Glück!

Säen
von März bis Mai

Ernte
von Mai bis Oktober

Boden
Schatten, an einem
windgeschützten Ort

Lichtbedarf
Sonne

Wasserbedarf

Pflanzabstand
30 cm

Temperatur
ideal: 18–21 ºC

✳ Pflanze den Minze-Steckling ab März in
einem Pflanzabstand von 30 cm in den Gemüsegarten.

✳ Halte den Boden feucht, indem du ihn bei Bedarf gießt.

✳ Trimme die Minze, wenn sie zu groß wird.

✳ Pflücke die Minze als ganzen Stängel, um den Nachwuchs zu
fördern, und möglichst am Morgen, um alle Aromen zu erhalten.

Paprika & Chili

Paprika und Chili sind verwandt!

Sie gehören zum selben Zweig der Familie der Nachtschattengewächse: den Capsicum.

Säen
von April bis Mai oder

Pflanzen
von Mai bis Juni

Ernte
von August
bis Oktober

Boden
reich an Kompost,
mindestens 15 °C

Lichtbedarf
Sonne

Wasserbedarf
💧💧💧

Pflanzabstand
40 cm + Pfahl

Anfällig für
Blattläuse

✳ Ab April in Einzeltöpfe säen.

✳ Ab Mitte Mai (und mindestens 15 °C) Paprika & Chilis im Pflanzabstand von 40 cm ins Beet pflanzen, dabei in jedes Loch eine Handvoll reifen Kompost geben.

✳ Regelmäßig gießen.

✳ Gib jeder Pflanze eine Rankhilfe, wenn sie Früchte trägt.

✳ Mit zunehmender Reife werden Chilis immer schärfer. Paprikas gewinnen an Zucker und verändern ihre Farbe: erst grün, dann gelb und schließlich rot. Bewusst pflücken.

Radieschen

Säen
von März bis September

Ernte
von April bis Oktober

Boden
leicht (eher sandig)
und luftig

Lichtbedarf
Sonne

Wasserbedarf

Pflanzabstand
5 cm

Temperatur
ideal: 15-20 °C

Anfällig für
Erdflöhe, Raupen

Wenn du ein Fan von Radieschen bist, säe zweimal im Monat nach ...

... damit sie dir nie ausgehen!

✳ Säe die Samen in eine 1 cm tiefe Furche an einem sonnigen Standort aus. Leicht bedecken und bis zum Aufgehen feucht halten.

✳ Die Pflanzen alle 5 cm ausdünnen.

✳ Schütze die Aussaat mit einem Insektenschutzvlies vor Erdflöhen.

✳ Regelmäßig gießen, um den Boden feucht zu halten: Zu wenig Wasser macht die Radieschen scharf.

✳ Ungefähr einen Monat nach der Aussaat ist es bereits Zeit für die Ernte.

Rucola

Wusstest du das?

Im Mittelalter wurde Rucola in mehreren Klöstern verboten. Die Begründung?

Die aphrodisierenden Eigenschaften wären nicht mit der klösterlichen Disziplin vereinbar ...

Säen
von März bis September

Ernte
von Mai bis November

Boden
reich, frisch und tief

Lichtbedarf
Sonne, außer im Sommer

Wasserbedarf
🌢🌢🌢

Pflanzabstand
10 cm

Anfällig für
Falschen Mehltau, Erdflöhe

✴ Säe alle 3 cm einen Samen in Reihen mit einem Pflanzabstand von 30 cm. Nach dem Keimen die Reihen ausdünnen, sodass nur ein Trieb alle 10 cm übrig bleibt. Alle 3 Wochen wiederholen, um die Ernte zu verlängern.

✴ Wenig, aber häufig gießen. Neue Blüten entfernen, um das Wachstum neuer Blätter zu fördern.

✴ Morgens ernten, wenn die Blätter am frischesten sind, und nach Bedarf: Rucola ist nicht haltbar.

Spinat

Säen
von März bis Mai,
September bis Oktober

Ernte
April bis Juni,
November bis Dezember

Boden
stickstoffreich

Lichtbedarf
Schatten

Wasserbedarf

Pflanzabstand
10 cm

Temperatur
ideal: 18-22 °C

Anfällig für
Schnecken,
Falschen Mehltau

✳ <u>Direkt ins Beet</u> säen, in Reihen oder „frei", 1 cm tief.
<u>Mulch entfernen</u>, Schnecken würden sich
zu gerne darin aufhalten.

✳ Die Pflanzen alle 10 cm <u>ausdünnen.</u>

✳ Regelmäßig gießen, um ein Schießen der Pflanze zu
verhindern, wenn es heiß ist.

✳ Die <u>äußeren Blätter ablösen</u> und sofort essen –
gekocht oder roh im Salat!

Tomate

Gut zu wissen:
Gegen die rote
Tomatenspinne ...

Säen
von Februar
bis März oder

Pflanzen
von Mai bis Juni

Ernte
von Juli bis Oktober

Boden
mit Kompost und
Nährstoffen angereichert

Lichtbedarf
Sonne

Wasserbedarf

Pflanzabstand
50 cm + Pfahl

Temperatur
ideal: 18 bis 27 ºC

Anfällig für
Falschen Mehltau,
Rote Spinnenmilbe

...
das Laub nass machen,
damit sie von den
Blättern fallen!

❋ Ab März drinnen in Schalen auf feuchte
Erde säen, leicht abdecken und vorsichtig gießen.

❋ Setze jede Pflanze in einen 8 x 8 cm großen Becher,
wenn die Pflanze 4 Blätter hat. Grabe den Stängel ein,
so dass die Blätter bündig mit der Erde abschließen:
Das stärkt die Pflanze.

❋ Stelle die Setzlinge ab April ins Freie, zuerst nur am
Nachmittag und dann den ganzen Tag.

❋ Ab Mitte Mai ins Beet pflanzen, dabei
den Stamm unter den letzten Blättern so weit wie
möglich eingraben. Rankhilfe aufstellen.

❋ Gieße reichlich, aber nicht zu oft und ohne die Blätter
zu benetzen. Mulche, um die Feuchtigkeit zu erhalten.

❋ Einen Hauptstamm
behalten und
regelmäßig
die neuen Geiztriebe
abzwicken, die aus den
Blattachseln wachsen.

❋ Wickle deine Pflanze gleichmäßig um den
Pfahl und lasse die Spitze dabei frei.

❋ Schneide die Blätter ab, die dem
Boden am nächsten sind.

❋ Schneide am Ende der Kultur, ab September,
die Köpfe der Tomaten ab, entblättere die Pflanzen
und lasse die letzten Früchte reifen.

Zucchini

Säen
von Mitte April bis Juni

Ernte
von Juni bis Oktober

Boden
angereichert mit viel Kompost

Lichtbedarf
Sonne

Wasserbedarf

Pflanzabstand
1m

Anfällig für
ideal: 20-28 °C

Anfällig für
Echten und Falschen
Mehltau

✳ Säe ab April einen Samen pro Topf (mind. 10 x 10 cm)
und pflanze den Setzling nach Mitte Mai ins Beet,
wobei du Kompost hinzufügen solltest.

✳ Gieße regelmäßig, ohne die Blätter nass zu machen.

✳ Ernte die Zucchini mit max. 20 cm
(Spanne zwischen Daumenspitze und Zeigefinger),
das ist die ideale Größe, damit sie am besten schmecken.

Tipp: Männliche Zucchiniblüten ausdümen (diese tragen nach
der Bestäubung keine Früchte an der Basis)

Zwiebel

Säen
von Februar bis April

Ernte
von September bis November

Boden
leicht, locker
und fruchtbar,
mindestens -10 ºC

Lichtbedarf
Sonne

Wasserbedarf
💧💧💧

Pflanzabstand
10 cm

Anfällig für
Falschen Mehltau,
Zwiebelfliege

Zwiebeln können
bis zu einem Jahr
an einem trockenen,
belüfteten und frost-
freien Ort aufbewahrt
werden.

Nicht stapeln:
Flechte sie am
besten zu Bündeln
und hänge
sie auf.

✳ Säe die Zwiebeln 1 cm tief direkt im Beet aus, alle 10 cm … und
hab Geduld: Es kann bis zu 20 Tage dauern, bis sie aufgehen.

✳ Zu Beginn des Anbaus wenig, aber regelmäßig gießen
und Unkraut jäten. Mit einem Insektenschutzvlies
abdecken, um die Zwiebelfliege zu vermeiden.
Um die Pflanzen herum anhäufeln und hacken.

✳ Nach 6 Monaten in der Erde beginnen die Blätter
gelb zu werden: Die Zwiebel kann geerntet werden.
Reiße die Zwiebel bei trockenem Wetter aus und
lasse sie 48 Stunden zum Trocknen liegen.

Was dich erwartet
... der Winter

* Die Erde vorbereiten und anreichern.

* Die Beete abgrenzen.

* Einen eigenen Anbauplan erstellen.

* Dich mit Saatgut eindecken.

* Salate und Stauden mit Wintervlies vor Frost schützen.

* Artischocken anhäufeln und mulchen.

* Kartoffeln keimen lassen.

Januar

Ernten

Kopfsalat
Lauch

Februar

Aussaat unter Schutz

Karotte
Tomate
Lauch

Aussaat auf dem Beet

Kopfsalat
Zwiebel

Ernten

Kopfsalat
Lauch

März

Aussaat unter Schutz

Tomate

Aussaat auf dem Beet

Basilikum	Zwiebel
Karotte	Erbsen
Spinat	Radieschen
Kopfsalat	Rucola

Pflanzen

Artischocke
Mangold
Minze
Kartoffel

Ernten

Kopfsalat
Lauch

Was dich erwartet ... der Frühling

April

Aussaat unter Schutz

Gurke
Zucchini
Paprika
& Chili

Aussaat auf dem Beet

Basilikum   Zwiebel
Karotte   Erbsen
Spinat   Radieschen
Kopfsalat   Rucola

Pflanzen

Artischocke   Minze
Mangold   Lauch
Kartoffel

Ernten

Artischocke
Spinat
Kopfsalat
Radieschen

* Stelle die Rankhilfe der Gurken vor dem Einpflanzen auf.

* Fenchel und Kartoffeln anhäufeln.

* Schütze Zwiebeln und Radieschen mit einem Insektenschutzvlies vor einem Befall.

* Wenn die Eisheiligen vorbei sind (Mitte Mai), pflanze die frostempfindlichen Gemüsesorten ins Beet (Nachtschatten-gewächse ...).

* Unkraut jäten.

Mai

Aussaat unter Schutz

Paprika & Chili

Aussaat an Ort und Stelle

Basilikum	Fenchel
Mangold	Bohne
Karotte	Kopfsalat
Gurke	Erbsen
Zucchini	Radieschen
Spinat	Rucola

Pflanzen

Minze
Lauch
Paprika & Chili
Kartoffel
Tomate

Ernten

Artischocke	Kopfsalat
Karotte	Minze
Spinat	Radieschen
Rucola	

Juni

Aussaat auf dem Beet

Basilikum	Bohne
Karotte	Kopfsalat
Gurke	Erbsen
Zucchini	Radieschen
Fenchel	Rucola

Pflanzen

Lauch
Paprika & Chili
Tomate

Ernten

Artischocke	Kopfsalat
Karotte	Minze
Zucchini	Erbsen
Spinat	Radieschen
Rucola	

Was dich erwartet ... der Sommer

Juli

Aussaat auf dem Beet

Basilikum
Fenchel
Bohne
Kopfsalat
Radieschen
Rucola

Pflanzen

Lauch

* Stelle die Rankhilfe der Erbsen auf.
* Stelle die Rankhilfe für Paprika, Chilis und Tomaten auf.
* Geiztriebe der Tomaten abzwicken.
* Unkraut jäten, gießen und die Kulturen mulchen.

Ernten

Artischocke	Bohne
Basilikum	Kopfsalat
Mangold	Minze
Karotte	Erbsen
Gurke	Kartoffel
Zucchini	Radieschen
Fenchel	Rucola

August

Aussaat auf dem Beet

Bohne
Kopfsalat
Radieschen
Rucola

Pflanzen

Lauch

Ernten

Artischocke	Kopfsalat
Basilikum	Minze
Mangold	Erbsen
Karotte	Paprika & Chili
Gurke	
Zucchini	Kartoffel
Fenchel	Radieschen
Bohne	Rucola
Tomate	

September

Aussaat auf dem Beet

Spinat
Kopfsalat
Radieschen
Rucola

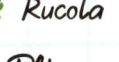

Pflanzen

Artischocke
Lauch

Ernten

Basilikum	Zwiebel
Mangold	Lauch
Karotte	Erbsen
Gurke	Paprika & Chili
Zucchini	
Fenchel	Kartoffel
Bohne	Radieschen
Kopfsalat	Rucola
Minze	Tomate

Was dich erwartet
... der Herbst

* Mangold, Lauch und Artischocken mulchen.

* Säubere nicht mehr benötigte Beete und decke sie für den Winter ab (Plane oder Mulch).

* Gründüngung säen (Klee ...).

Oktober

Aussaat auf dem Beet

Spinat
Kopfsalat

Pflanzen

Artischocke

Ernten

Basilikum   Zwiebel
Mangold   Lauch
Karotte   Paprika
Zucchini   & Chili
Fenchel   Kartoffel
Bohne   Radieschen
Kopfsalat   Rucola
Minze   Tomate

November

Ernte

Karotte
Spinat
Kopfsalat
Zwiebel
Lauch
Rucola

Dezember

Ernte

Spinat
Kopfsalat
Lauch

Einige Nuggets, um weiterzukommen

 Film   Buch   YouTube   Podcast

Rund um den Gemüsegarten

 Ortrud Grieb: Alles über Bio-Gemüse. Verlag Eugen Ulmer, 2018.

Catherine Delvaux: Permakultur Monat für Monat. Verlag Eugen Ulmer, 2021.

Grünstadtmenschen. Der Podcast von Mein schöner Garten.

Wurzelwerk

Gartengemüsekiosk

Biodiversität

📖 Sebastian Hopfenmüller & Eva Stangler:
Bienen retten. Verlag Eugen Ulmer, 2021.

📖 Wolfgang Heidenreich & Antje Krause:
Begrünen was geht.
Verlag Eugen Ulmer, 2022.

📖 Markus Gastl: Mehr Natur im Garten.
Verlag Eugen Ulmer, 2021.

▶️ NABU

🎥 ARD Mediathek: Naturwunder Gemüsegarten:
Die große Welt der kleinen Tiere

Bodenleben

📖 Markus Gastl &
Melanie Schoppe:
Boden & Pflanzen
natürlich stärken.
Verlag Eugen Ulmer, 2022.

📖 Renate Hudak &
Harald Harazim:
Gartenabfall gibt's nicht.
Verlag Eugen Ulmer, 2022.

An die Gemüsegärten meiner Kindheit
und an die Menschen, die sich so
gut um sie gekümmert haben: Danke.

An meine Mitstreiter bei der Umschulung und
an Simon & Xavier, meine wunderbaren Lehrer
für Gemüseanbau ... Danke!

An diejenigen, die mich auf ihren Bauernhöfen
aufgenommen und ausgebildet haben, besonders
Virginie & Raphaël ... Danke!

An meine Freunde und meine Familie, die mich in
jeder Hinsicht unterstützen ... Danke!

Ein riesiges DANKESCHÖN an Lucie, meine
talentierte Freundin, die diesem Papiergemüsegarten
Form und Leben verliehen hat.

Und ewiger Dank an Èdition Ulmer für sein Vertrauen,
seine Begeisterung und seine Freundlichkeit.

Philippine

Ich danke den Zufällen in meinem Berufsleben, die
Philippine auf meinen Weg gebracht haben, und ich danke
ihr, dass sie mir Jahre später ihre kleine Idee anvertraut
hat, damit wir gemeinsam ein großes
Baby mit 144 Seiten ausbrüten konnten.

Dank an mein iPad und Procreate,
ah wirklich was für tolle Erfindungen.

Vielen Dank an Lila, Guillaume und Laurent bei
Ulmer für euren wachsamen Enthusiasmus bei jeder
Zusendung meinerseits und vielen Dank an Margot
für die wertvolle Kontaktaufnahme.

Danke an meine Familie, die ich schon seit einiger Zeit mit
meinen Gemüsegeschichten nerve, insbesondere
Chloé und Camille, für ihre Meinungen, Ratschläge
und ihre unermüdliche Unterstützung. 💜

lucie

iMPRESSUM

Die in diesem Buch enthaltenen Empfehlungen und Angaben sind von den Autorinnen mit größter Sorgfalt zusammengestellt und geprüft worden. Eine Garantie für die Richtigkeit der Angaben kann aber nicht gegeben werden. Autorinnen und Verlag übernehmen keine Haftung für Schäden und Unfälle. Bitte setzen Sie bei der Anwendung der in diesem Buch enthaltenen Empfehlungen Ihr persönliches Urteilsvermögen ein. Der Verlag Eugen Ulmer ist nicht verantwortlich für die Inhalte der im Buch genannten Websites.

Anmerkung zur Schreibweise (Gendering): Gendergerechtigkeit und Inklusion sind bei uns gelebte Praxis – bei der Auswahl unserer Themen, bei der Recherchearbeit, in der Gestaltung. Unsere Texte meinen alle. Damit unsere Inhalte jedoch gut lesbar bleiben, verzichten wir in diesem Werk auf die jeweilige Mehrfachnennung oder Anpassung der Schreibweise bestimmter Bezeichnungen an die weibliche, männliche oder diverse Form.

Bibliografische Information der Deutschen Nationalbibliothek
Die Deutsche Nationalbibliothek verzeichnet diese Publikation in der Deutschen Nationalbibliografie; detaillierte bibliografische Daten sind im Internet über http://dnb.d-nb.de abrufbar.

Die französische Originalausgabe erschien unter dem Titel Philippine De La Fayolle & Lucie Barthe-Dejean, Démarrer son potager (en 5 étapes).
© 2024 Les Éditions Eugen Ulmer, 33, rue du Faubourg Montmartre, 75009 Paris

© 2025 Eugen Ulmer KG
Wollgrasweg 41, 70599 Stuttgart (Hohenheim)
E-Mail: info@ulmer.de
Internet: www.ulmer.de
Projektleitung: Saskia Hoen
Herstellung: Birgit Heyny
Umschlaggestaltung: red.sign, Stuttgart: Anette Vogt
Satz: Jessica Otto
Reproduktion: time:ray, Jettingen
Druck und Bindung: Printer Trento s.r.L.

Printed in Italy

ISBN 978-3-8186-2482-8